ERNEST LEROUX

France et Allemagne

LES DEUX CULTURES

SECONDE ÉDITION

PARIS

28, RUE BONAPARTE, 28

1915

ERNEST LEROUX

France et Allemagne

LES DEUX CULTURES

SECONDE ÉDITION

PARIS
28, RUE BONAPARTE, 28

1915

LES DEUX CULTURES

Aux premiers jours d'août 1914, l'Allemagne exultait. Elle avait enfin sa guerre. Elle allait pouvoir écraser ses voisins de l'Est et de l'Ouest, les Slaves et les Français abhorrés, et s'enrichir de leurs dépouilles.

Cette fois, le coup réussissait. L'ultimatum de l'Autriche à la Serbie, rédigé de connivence avec Berlin, provoquait la catastrophe attendue.

La France avait jusque-là résisté à toutes les provocations, à la traîtrise de l'affaire Schnæbelé, aux menaces de Tanger et d'Agadir, à la campagne contre la Légion étrangère, aux polissonneries de Saverne, aux grands gestes du Kaiser, à sa « poudre sèche » et à son « épée aiguisée ». A tout elle avait opposé une inaltérable patience. Aujourd'hui, enfin, elle était engagée aux côtés de la Russie. Berlin pavoisait.

A cette joie succéda bientôt la colère quand, après la violation de la neutralité du Luxembourg et de la Belgique, l'Angleterre à son tour entra dans le jeu. La rage allemande, *furor teutonicus*, se traduisit immédiatement par des actes de banditisme à Dinant et à Louvain.

Après tout, qu'importe. L'essentiel c'était d'avoir la guerre. Cette guerre était si bien préparée. Depuis quarante-quatre ans, on y avait travaillé méthodiquement, sans relâche. Elle avait été l'unique pensée de la nation tout entière, des socialistes de Leipzig et des hobereaux du Brandebourg, des Prussiens et des doucereux Bavarois, incendiaires de Bazeilles, des Thyssen et des Mannesmann aussi bien que de Von Klück et de Hindenburg.

Tandis que l'état-major de Berlin organisait l'armée la plus formidable, créait les moyens de destruction les plus puissants, les maîtres d'école, les Professeurs des Universités acceptaient pour mission d'inculquer à toute la jeunesse allemande la haine des pays voisins, le culte de la force, la convoitise de nos richesses.

L'impérialisme allemand avait fait ce rêve fou d'anéantir la France, de lui prendre cinquante milliards, de s'emparer de toutes ses colonies, d'annexer à l'Empire Nancy et Calais, la Hollande et la Belgique, de détruire, par ses sous-marins, la puissance anglaise, de s'assurer la maîtrise de la mer, d'arracher à la Russie la Livonie, la Pologne, la Finlande, et, une fois l'Europe à ses pieds, d'accaparer de vastes et fertiles territoires dans le sud du Brésil, et de fonder là-bas une immense annexe allemande pour y déverser le trop-plein de sa population métropolitaine. Une carte de la *Germanie antarctique* a même été déjà publiée.

Pour cet asservissement du monde, pour le triomphe du pangermanisme, tous les moyens étaient jugés bons : le mépris du droit des gens et le mensonge, la ruse et la violence, la cruauté disciplinée et la terreur organisée par les chefs.

Confiante en son artillerie lourde, en ses zeppelins et en ses myriades d'espions, l'Allemagne, avec ses cent corps d'armée, se croyait assurée de la victoire. Tout devait plier sous le joug sanglant de ce peuple, que Fichte, dès 1807, proclamait déjà l'Élu de Dieu, et dont Guillaume II, nouveau Mahomet, est aujourd'hui le Prophète.

*
* *

Mais en commettant le crime le plus monstrueux que l'histoire ait eu à enregistrer, l'Allemagne ne prévoyait pas qu'un tel attentat soulèverait la réprobation universelle. Au cri d'horreur qui retentit en Amérique et dans tous les pays neutres, elle jugea qu'il lui fallait répondre. Et c'est par le mensonge qu'elle répondit. D'agresseur elle se posa en victime. Elle ne s'était résignée à la guerre que contrainte et forcée ! Odieuse comédie, dont les alliés ont fait justice non avec de grandes phrases, mais simplement en rendant publiques les démarches de leurs chancelleries.

Que pense le monde de l'impudent plaidoyer publié pour la justification des pillards, des incendiaires et des assassins, par 93 intellectuels de cette Allemagne que Lord Palmerston appelait un jour « ce damné pays de professeurs » ?

Ces savants, ces artistes, ces juristes, ces théologiens, par leur audacieuse apologie des pires violences, par l'effronterie de leurs dénégations, nous dévoilent la mentalité de l'élite allemande, des maîtres de la fameuse *Kultur*. Ils nous fournissent la preuve qu'en se rendant complices de ces actes ils n'ont pas la moindre conscience de leur indignité. Peut-être n'ont-ils fait qu'obéir à des ordres supérieurs. L'orgueil allemand n'aurait donc d'égal que son servilisme !

Foerster, Bode, Harnack, Doerpfeld, Ehrlich, Rœntgen, Lamprecht, Ed. Meyer et tous les signataires du manifeste, ces « gardes du corps intellectuels des Hohenzollern », sont les dignes successeurs de Virchow, de Treitschke, de Mommsen, auxquels, en 1870, Fustel de Coulanges et Pasteur répondirent de si hautaine façon.

Voilà ceux qui nous appellent « un peuple de singes », ceux qui dénoncent notre culture française, fille de la Grèce et de l'Italie, comme un poison pour leurs mâles vertus. C'est à croire qu'on rêve quand on les entend proclamer « que le sort futur de la civilisation européenne repose sur leurs épaules ».

Un tel orgueil confine à la démence. Ne faut-il pas, en effet, qu'il soit fou ce professeur de Berlin, Adolf Lasson, ce disciple de Hegel, quand il écrit : « Nous sommes moralement et intellectuellement supérieurs à tous : hors de pair. Il en est de même de nos organisations et de nos institutions. » Singulière prétention si l'on considère combien les Allemands sont en retard dans la conquête de leurs libertés politiques, comparés à la libérale Angleterre, à la démocratique Italie et à la France républicaine.

Gœthe était meilleur appréciateur des deux cultures, lorsque, dans son jugement sur le rayonnement des idées françaises, il déclarait « qu'il fallait à la pâte allemande un peu de levain français », et qu'il ajoutait : « Nous autres Allemands, nous sommes d'hier et il peut se passer plusieurs siècles avant que nous cessions d'être des barbares. »

Nous sommes d'hier. Voilà le grand mot lâché. Oui, la culture allemande est née d'hier. La nôtre l'a précédée de plusieurs siècles. Nous pouvons leur répéter le mot du prêtre égyptien à Solon : « O Grecs, vous êtes des enfants. »

L'Allemagne était venue s'instruire au moyen âge dans notre glorieuse Université de Paris, ce centre unique de culture, cette lumière dans la nuit. Au treizième siècle, nos grands architectes de l'Ile de France étaient ses modèles. La cathédrale de Cologne procède directement de la tradition française. Le chœur, dédié en 1322, n'est qu'une répétition de celui d'Amiens. Plus tard, après ses incursions en Italie, au temps des Guelfes et des Gibelins, elle avait été entraînée dans le grand mouvement de la Renaissance. Au dix-septième siècle, sa littérature naissante avait été submergée dans les désastres de la Guerre de Trente ans. Au dix-huitième, elle avait suivi l'impulsion donnée par la France. Ce n'est qu'au dix-neuvième que l'Allemagne rêva de se constituer une intellectualité distincte.

Fichte, dans ses *Discours à la nation allemande* en 1809, incitait l'Allemagne à régénérer le monde, et d'abord à rompre avec les littératures étrangères et à se forger une *pensée purement allemande*. Kant avait publié en 1781 sa *Critique de la raison pure*, et Klopstock, le poète du *Messie* et des *Odes*, venait justement de fixer la langue, si déchue depuis Luther, dont la Bible est le chef-d'œuvre de la prose allemande, et d'ouvrir la voie à une littérature nationale. Il avait évoqué le souvenir de la vieille Germanie et entouré d'une auréole la figure d'Hermann (Arminius), le vainqueur des légions de Varus. Le jeune héros incarna dès lors la révolte contre l'étranger, la lutte des Germains contre les Latins.

C'était l'éveil de la conscience allemande, le premier pas vers le nationalisme.

Pour favoriser le mouvement, la tâche des maîtres qui professent dans les Universités prussiennes fut de prôner à l'envi le grand rôle du peuple germain.

Leur parole a été entendue. En France même ils firent des prosélytes, témoin le livre de Mme de Staël sur l'Allemagne, que Napoléon interdisait comme antifrançais.

Il est temps de réagir à notre tour. Soyons moins modestes et moins patients, nous les Latins et les Anglo-Saxons. Le dédain ne suffit pas. Il faut défendre notre génie que ces singuliers savants veulent à toute force opprimer et asservir.

Sainte-Beuve, dans un de ses cours au Collège de France, conseillait à ses auditeurs : Ne nous vantons pas que notre littérature est la première de toutes, contentons-nous de la considérer comme une des plus nobles et des plus riches.

Nous sommes d'accord avec l'illustre critique. La civilisation est l'œuvre, non pas d'un peuple unique, elle est celle de tous les peuples, chaque nation apportant ses qualités propres et contribuant pour sa part à la marche de l'esprit humain.

Les Allemands, lorsqu'ils revendiquent pour leur culture des prétentions à la domination universelle, ne dupent personne. S'ils ravalent nos gloires littéraires pour ne vanter que leurs poètes : Klopstock, Wieland, Herder, Lessing et les deux plus illustres Gœthe et Schiller, il est juste que nous leur rappelions ce qu'ont fait ces Latins et ces Anglo-Saxons, si dénigrés par eux.

Il semble puéril, en vérité, d'avoir à évoquer, devant ces aveugles volontaires, les grands génies dont les œuvres constituent une part si importante de la richesse intellectuelle et morale de l'Humanité : Dante, Shakespeare, Rabelais, Molière, Cervantès. On sourit d'avoir à leur nommer Corneille et Racine, La Fontaine et Bossuet, Beaumarchais et Voltaire, le Tasse et Pétrarque, Boccace et l'Arioste, Milton, Bacon, Thomas Moore, Pope, Byron, Calderon, Lope de Vega, Camoens, pour ne citer que quelques-uns de ceux qui ont conquis depuis longtemps l'admiration du monde entier, et qui n'avaient pas dans les veines une seule goutte de sang germanique. L'Allemagne doit reconnaître que leur influence sur sa littérature fut décisive et les vénérer comme ses maîtres.

Créer une *littérature allemande* qui ne puiserait ses inspirations que dans son propre fonds national et qui éclipserait toutes ses rivales, c'était une tâche noble à la vérité. Malheureusement il y a loin de la coupe aux lèvres. Lessing, puis Schlegel, puis d'autres, crurent s'y employer utilement en s'attaquant à qui mieux mieux à nos immortels classiques du dix-septième et du dix-huitième siècles. Ceux-ci ne s'en portèrent pas plus mal. Et la France, à ces critiques impuissants, ne répondit qu'à coups de nouveaux chefs-d'œuvre. Ce fut l'époque d'André Chénier, de Bernardin de Saint-Pierre, de Chateaubriand. Puis apparurent nos grands romantiques : Hugo, Balzac, Lamartine, Dumas, Musset, Alfred de Vigny, Béranger, C. Delavigne, George Sand, Th. Gautier, etc., et, après eux, deux autres générations d'écrivains qui, en compagnie des Anglais, des Russes, des Scandinaves, des Italiens, furent les maîtres de la poésie, du roman et du théâtre contemporains. Que les Allemands en prennent leur parti. Il leur reste à acquérir ce que Voltaire leur souhaitait : « plus d'esprit et moins de consonnes ».

*
* *

Les Herren Professoren à lunettes d'or prétendent lier l'avenir intellectuel de l'Europe à l'avenir de la science allemande. C'est là une manifestation de cet orgueil pathologique propre à la race, qui a été dénoncé à l'École d'anthropologie par le docteur Capitan.

L'Académie des sciences a fièrement relevé le défi et fait justice de leur morgue et de leur présomption en rappelant à ces messieurs « que les civilisations latine et anglo-saxonne sont celles qui ont produit depuis trois siècles la plupart des grandes découvertes dans les sciences mathématiques, physiques et naturelles, ainsi que les auteurs des principales découvertes du dix-neuvième siècle ».

Si l'Allemagne l'oublie, l'Humanité sait quelle dette de reconnaissance elle a contractée envers les grands chimistes et physiciens que furent Galilée, Pascal, Torricelli, Volta, Huyghens, Papin, Franklin, Lavoisier, Réaumur, Faraday, Ampère, Berthollet, Gay-Lussac, Morse, Chevreul, Berthelot, Curie ; envers les anatomistes, les physiologistes, les naturalistes, les botanistes : Vesale, Bichat, Harvey, Linné, Buffon, Lamarck, Cuvier, Jenner, de Jussieu, Tournefort, Geoffroy Saint-Hilaire, Lyell, Claude Bernard, Darwin, Pasteur ; envers les mathématiciens et les astronomes : le Danois Tycho-Brahé, le Polonais Copernic, Newton, Halley, Laplace, Monge, Lagrange, Arago, Le Verrier, Bertrand. Elle garde toute son admiration pour les illustres inventeurs Bernard Palissy, Olivier de Serres, Claude Chappe, Fulton, Jouffroy d'Abbans, Watt, Stephenson, Jacquard, Montgolfier, Marc Seguin, Niepce, etc., pour ceux qui nous ont donné les bateaux à vapeur, les chemins de fer, le téléphone, le phonographe, le cinématographe, la télégraphie sans fil, les sous-marins, la navigation aérienne, l'automobile, etc. : Edison, Branly, Marconi, les frères Wright, Santos-Dumont, Blériot et tant d'autres qui n'étaient pas de cette race germanique si oublieuse des réalités.

La science allemande a compté et compte de nos jours des hommes de grande valeur. Personne ne songe à le contester. Mais elle en a produit peu que l'on puisse classer parmi les créateurs. Les recherches savantes se font chez eux avec une méthode spéciale. Leurs Universités sont comme des usines où la hiérarchie est aussi étroitement respectée qu'à la caserne. Les étudiants apportent aux Professeurs le résultat de leurs recherches personnelles et ceux-ci mettent en œuvre les idées créatrices qui leur sont fournies d'ailleurs.

On a dit avec raison que les Allemands adaptent, qu'ils n'inventent pas. Quand une découverte est faite, ils accourent et en tirent parti. Le désintéressement de nos grands savants, les Chevreul, les Berthelot, les Pasteur, les Curie, les d'Arsonval, est chose inconnue pour eux. Toute leur affaire est d'utiliser au point de vue industriel ce qu'ont trouvé les autres. L'*industrialisation* de la science! En cela ils sont nos maîtres.

Ne parlons pas de l'art militaire! Un doute sur la supériorité allemande ferait pouffer de rire toute la garde prussienne. Nous nous permettrons cependant de citer à notre actif un nom : Napoléon. Celui-là, en une seule bataille, à Iéna, anéantit la puissance de la Prusse. Ne s'en souvient-on plus à Berlin? La guerre actuelle est un critérium de leur méthode scientifique. Tout a été étudié, préparé, calculé, prévu avec une minutie incroyable. Et pourtant leurs généraux n'ont pas su vaincre nos armées. Forcés à se terrer dans leurs tranchées, ils seront demain des fuyards. Le grand-duc Nicolas, Joffre, Kitchener, French, le roi Albert, font trembler le Kronprinz et son auguste père!

***

Dans les arts, les Allemands sont fiers à juste titre de leurs musiciens. Beethoven, Mozart, Bach, Haendel, Wagner sont des gloires mondiales. Nous leur rendons l'hommage qui leur est dû. Mais est-il de bon goût d'affecter aujourd'hui chez eux tant de dédain à l'égard de la musique italienne et de la musique française ?

La plupart de leurs compositeurs, à commencer par Mozart, ne sont-ils pas imprégnés d'italianisme ; *Rienzi*, de Wagner, n'en est-il pas infecté ? Haydn n'était-il pas l'élève du Napolitain Porpora ?

· Et puis Palestrina, Pergolèse, Lulli, Spontini, Cherubini, Rossini, Verdi, sont des noms qui chantent si agréablement dans toutes les mémoires.

Nous, les Français, nous faisons trop peu de cas de nos musiciens du quinzième et du seizième siècle, que notre ami Expert nous a révélés : Josquin des Prés, Jennequin, l'auteur de la si curieuse *Bataille de Marignan*, Goudimel, dont Palestrina fut l'élève, Claude le Jeune, le Belge Orlando de Lassus, surnommé de son temps *le Prince des Musiciens*. Nous ne témoignons pas assez d'admiration à des maîtres tels que Méhul et Grétry, Halévy et Félicien David, Berlioz et Gounod, Massenet et Saint-Saëns, Reyer et César Franck, Lalo et d'Indy, Debussy et Charpentier. Notre vieil opéra-comique, trop dédaigné aujourd'hui, n'en a pas moins, pendant plus d'un siècle, de Boïeldieu et de Rameau à Bizet et à Delibes, connu les plus grands succès sur toutes les scènes du monde, sans en excepter celles de l'Allemagne.

A tous ces noms, qu'on nous permette d'ajouter celui de Rouget de Lisle, dont l'hymne de victoire exalta nos volontaires de 92, comme les chants de Tyrtée avaient exalté les Spartiates. Sa *Marseillaise* a fait le tour du monde. La *Wacht am Rhein* n'ira pas si loin.

Rendons aussi un juste hommage à nos amis les Russes.

Leur école nationale a depuis un siècle conquis un renom glorieux. César Cui, Tchaikowsky, Glinka, Rimski-Korsakoff, Borodine, Glazounoff, et, à côté d'eux, les Scandinaves Niels Gade, Grieg, Jensen, etc., sont des maîtres dont l'éloge n'est plus à faire.

Les Français sont généreux. Ils le prouvent en accueillant si libéralement dans leur Académie Nationale de musique les œuvres de Richard Wagner, après l'aveu cynique de sa haine contre la France dans ses Mémoires aussi bien que dans son grossier libelle publié en 1871 : *Une Capitulation*. Paris avait déjà montré le même dédain pour les insolences du divin Mozart, en applaudissant le grand musicien de *Don Juan*, des *Noces de Figaro*, de la *Flûte enchantée*, et en faisant fi de ses propos désobligeants.

Applaudissons *Tristan* et *Parsifal*. Mais laissons à quelques exaltés la croyance que l'art musical au théâtre commence avec Wagner, qu'il en est le Dieu unique. Chez Wagner, le mépris qu'il affecte à l'égard des Latins n'est pas une simple boutade. Le Maître, impressionné par les théories de Fichte, de Klopstock et de Lessing sur la création d'une *pensée* et d'une *littérature allemandes*, a rêvé de les appliquer à l'Art. Et c'est ainsi qu'il a déclaré à Bayreuth, après la première représentation de *l'Anneau des Nibelungen*, que, grâce à lui, l'Allemagne avait enfin un art, un *art allemand*. Oubliait-il *Orphée*, *Alceste*, *Armide*, *Iphigénie*, de Gluck, le *Freischutz*, *Euryanthe*, *Obéron*, de Weber, et *Fidelio*, de Beethoven ? Ou bien, comme l'a écrit en se moquant Paul Lindau, ne serait-ce là « que fadaises ou œuvres de maladroits écoliers » ?

Et puisque son drame musical devait être l'expression complète de l'*art allemand*, pourquoi Wagner a-t-il emprunté à nos vieux *poèmes français* ses héros : Lohengrin, Parsifal, Tristan et Yseult ?

*
* *

Que dire des artistes de la moderne Allemagne ? Une visite à Berlin, à Budapest, ou au Salon d'automne suffit à montrer à quelle dépravation du goût peut tomber un art national. Si le voyage vous déplaît, contentez-vous de lire quelques pages savoureuses de *Colette Baudoche* où Maurice Barrès montre ce qu'est devenu l'art allemand épanoui sous le règne de Guillaume II.

Écoutez aussi Nietzsche : « Le manque de style, ou le pêle-mêle chaotique de tous les styles où se complaît l'Allemand de nos jours, cela s'accorde au mieux avec le contraire de la culture, la barbarie. »

Sur l'art, le militarisme a exercé son action néfaste. Aux fêtes littéraires et artistiques de Weimar, de Cassel, de Dresde, ont succédé les parades de Tempelhof et le fracas des musiques militaires.

Quand Berlin, la capitale moderne, où les casernes tiennent lieu de temples, veut décorer ses places de quelque statue de grand homme, elle ne trouve le plus souvent à hisser sur le piédestal qu'un guerrier appuyé sur son sabre, un Hohenzollern casqué, un Bismarck, sanglé dans un uniforme de cuirassier, ou transformé en Roland, comme dans le colossal et ridicule monument de Hambourg. A Munich, qui se vante d'être l'Athènes du Nord, ils ont reproduit la *Loggia dei Lanzi* de Florence. Qu'ont-ils imaginé d'y mettre pour remplacer le Persée de Benvenuto Cellini et la Judith de Donatello ? Des généraux, parbleu ! Wrede, le vaincu de Hanau, et Tilly, le saccageur de Magdebourg.

Insister serait cruel. Mais il était temps que la guerre de 1914 vînt libérer le goût français du germanisme qui commençait à l'intoxiquer.

La cuisine allemande elle-même, ô Vatel, ô Brillat Savarin, s'était fait *naturaliser*. Paris, désertant Tortoni, Véfour, le Café Anglais, s'empiffrait de choucroute et de saucisses dans des tavernes à décor munichois.

« Aucune nation, disent les auteurs du Manifeste, ne peut se vanter de dépasser l'Allemagne dans son amour de l'art. » Louvain, Malines, Ypres, Arras, Reims sont les témoignages de cet amour. Au milieu de ces ruines inouïes, les Allemands apparaissent tels qu'ils sont en réalité : des barbares.

Qu'attendre d'ailleurs, en fait d'art, de ces reîtres à qui l'on doit déjà la destruction du Parthénon, le plus précieux monument de l'antiquité (crime de Kœnigsmark trop longtemps imputé à Morosini), le sac de Rome en 1527, par les bandes d'impériaux et de lansquenets du connétable de Bourbon, et, sous Guillaume II, le bombardement de la cathédrale de Reims, un des joyaux du monde.

Il est une science plus spéciale, et moins connue du grand public, l'Orientalisme, où les professeurs des Universités d'outre-Rhin se targuent d'être nos maîtres incontestés. Prétention téméraire ! Toujours Gros-Jean qui veut en remontrer à son curé. Ici encore ce sont les Français qui ont été les initiateurs. Et c'est grande pitié qu'on semble l'oublier parfois même chez nous.

C'est la France qui, dès le seizième siècle, a contribué pour la plus large part au progrès des études orientales par une série de fondations d'une importance capitale.

Sous François Ier, création de l'Imprimerie Royale et, en 1530, du Collège de France, avec une chaire publique d'hébreu d'où un enseignement libre allait se faire entendre pour la première fois. Vatable y apporte sa largeur de vues et la sûreté de sa méthode. Il fait de l'exégèse une science vivante, se montrant ainsi le précurseur d'un autre Français, Richard Simon, qui, au dix-septième siècle, devait avoir l'honneur de fonder chez nous la critique de l'Ancien et du Nouveau Testament. Quelques années après, c'est l'ouverture de la première chaire d'arabe, avec Guillaume Postel comme titulaire. En 1663, fondation par Colbert de l'Académie des Inscriptions et Belles-Lettres où l'Orientalisme tint la place considérable que l'on sait.

En 1795, création de l'École des Langues Orientales vivantes, avec des cours d'arabe, de persan et de turc, auxquels on adjoint un peu plus tard l'arménien et le grec moderne, pour arriver de nos jours à une vingtaine de

2.

cours. L'Institut Lazareff, de Moscou, fut établi en 1815 sur le même modèle. En 1822, création de la Société Asiatique de Paris. L'Angleterre fondait, de son côté, les Sociétés Asiatiques de Londres, de Calcutta, de Bombay, de Ceylan, de Shanghaï, etc. *Quot rami tot arbores !*

De nos jours enfin, création par V. Duruy de l'École des Hautes-Études, puis de l'École du Louvre, du Musée Guimet, de l'École Coloniale, de l'École Française d'Extrême-Orient, de l'Université d'Alger, de la Mission archéologique française du Caire, de la Mission scientifique du Maroc, des Congrès internationaux d'Orientalistes, de la Société franco-japonaise, de l'Association franco-chinoise, etc. Autant de foyers d'orientalisme, dont les nombreuses publications montrent assez l'importance.

Notre Ministère de l'Instruction Publique et des Beaux-Arts, qui a été à la tête de tout ce mouvement, a encore bien mérité de la science par son initiative et sa générosité toujours prêtes à subventionner des Missions scientifiques dans le monde entier; par les travaux de ses Commissions de l'Afrique du Nord et de l'Indochine; par la grande Exploration scientifique de l'Algérie; par l'Exploration scientifique de la Tunisie, poursuivie depuis 1885 avec une ardeur infatigable; par la publication des *Musées archéologiques* et des *Mosaïques* de l'Algérie et de la Tunisie; par ses Écoles d'Athènes et de Rome; par ses nouveaux Instituts de Madrid, de Florence et de Pétrograd.

L'Italie a droit à la reconnaissance du monde savant par la fondation de la Bibliothèque Ambroisienne, de l'Imprimerie Orientale des Médicis, du Collège de la Propagande. La Russie se signala, par la création en 1804 de l'Université de Kazan et de son imprimerie arabe, persane et turque.

Pour l'Angleterre, est-il nécessaire de rappeler ce que lui doivent les études orientales ? Le British Museum, les Universités d'Oxford et de Cambridge, l'*Egypt Exploration Fund*, ses grands établissements de l'Inde, sont quelques-uns des témoignages de l'activité scientifique d'un si grand peuple.

L'Allemagne, venue à la suite, n'a qu'à s'incli , comme elle n'a qu'à s'incliner devant nos grands initiateurs qui ont été ses maîtres.

L'Égypte était demeurée à peu près inconnue jusqu'à la fin du dix-huitième siècle. C'est l'expédition de Bonaparte, c'est le grand ouvrage de notre Commission d'Égypte qui la révélèrent au monde. C'est un Français, Champollion, qui, le premier, déchiffra ses hiéroglyphes, expliqua son Panthéon, et, avec son génial *Précis du système hiéroglyphique*, fut le créateur de l'égyptologie. Avant lui, un jésuite allemand, le P. Kircher, avait prétendu lire et expliquer les textes gravés sur les obélisques de Rome et il avait publié des ouvrages imprimés à grands frais par un pape trop confiant. Ses élucubrations fournissent seulement un exemple de ce que peut oser l'outrecuidance germanique. Et cependant Kircher était un savant, comme le prouvent ses recherches sur le magnétisme et ses études sur le copte, études où l'Italien Peyron devait s'illustrer plus tard.

A Champollion ont succédé d'autres Français, qui eux aussi furent des maîtres : Mariette, de Rougé, Chabas, Maspéro. Et, de nos jours, c'est encore un de nos compatriotes qui vint conquérir sur la terre des Pharaons son titre de « Grand Français ». Celui-là s'appelait Ferdinand de Lesseps.

Un autre grand Français, Anquetil Duperron, alla chercher en Perse, en 1762, le livre sacré de Zoroastre, le *Zend Avesta*, dont il donna la première traduction. Il fit connaître à l'Europe la religion des Mages. Il fut le créateur des études zendes.

Encore des Français : Silvestre de Sacy, l'illustre professeur d'arabe, le maître des arabisants allemands qui sont venus se former à son école, « l'homme à qui la littérature orientale doit en France et dans l'Europe entière ses derniers progrès et son plus vif éclat », a dit Daunou, dans sa Notice à l'Institut; Eugène Burnouf, le grand indianiste, dont les travaux sur la langue sanscrite et le bouddhisme excitèrent l'admiration des Pandits de Calcutta, et dont l'enseignement attirait au Collège de France des savants de l'Europe entière. Il créa les études sanscrites aujourd'hui en si grand honneur dans toutes les Universités du monde.

La connaissance du pâli, la langue sacrée de l'Inde, est l'œuvre de savants français, anglais et russes. Eugène Burnouf traça la route avec son *Essai sur le pâli*. A sa suite vinrent Clough, Gogerley, Turnour, Childers, Minayeff, Bergaigne, Senart, Barth, Rhys Davids, Fausboell, Sylvain Lévi, etc., et, en dernier lieu, des Allemands.

L'Assyrie n'a pas eu, comme l'Égypte, son Champollion. On n'est arrivé que lentement et péniblement à la lecture de ses inscriptions cunéiformes. S. de Sacy et Burnouf furent parmi les ouvriers de la première heure en compagnie des Danois Niebuhr, Westergaard et Münter, du Russe Tychsen et du Hanovrien Grotefend. Là, comme Kircher pour l'Égypte, apparut un Allemand du nom de Lichtenstein, qui, sans connaissance approfondie du sujet, publia des traductions de pure fantaisie. C'était un simple mystificateur.

Quant à la connaissance du pays et aux découvertes qui ont fourni aux assyriologues les matériaux leur permettant d'aboutir à des résultats définitifs, c'est presque exclusivement à l'initiative française qu'en revient l'honneur. Les fouilles de Botta et de Flandin à Khorsabad (1842), suivies bientôt de celles des Anglais Layard et Rawlinson, la Mission en Mésopotamie de Fresnel, Thomas et Oppert (1863), le grand ouvrage de Place sur *Ninive et l'Assyrie*, les *Monuments de la Perse* de Coste, les découvertes en Chaldée de Sarzec et Heuzey (1884-1894), la Mission Dieulafoy en Susiane (1884-1886), la Mission de Morgan en Perse (1896-1897), la Délégation en Perse et les fouilles à Suse de Morgan et du P. Scheil (1897-1914), les fouilles du commandant Cros à Tello (1903-1909), voilà les titres de gloire de la France dans ce domaine.

La Chine a été dévoilée au treizième siècle par les anciens voyageurs Du Plan de Carpin, G. de Rubrouck, Marco Polo, Odoric de Pordenone, etc. Sa langue, sa littérature et son histoire nous ont été apprises depuis le seizième siècle, par les travaux des missionnaires français, espagnols, portugais et italiens, Mendoza, Semedo, de Mailla, Martini, Gaubil, par les grandes publications des PP. du Halde et Grosier, par les 16 volumes des *Mémoires de la Chine*, par les grammaires et dictionnaires des PP. Cibot, Varo, Gonçalvez, Premare, Amiot, Basile de Glemona, par l'enseignement de nos sinologues De Guignes, Landresse, Rémusat, Stanislas Julien, et des Anglais Morrison, Medhurst, Legge, de l'Américain Wells Williams, de Callery, de Couvreur, du P. Zottoli, des Russes Bitchourin, Vasiliev, Palladius, etc.

Les PP. Gerbillon et Domenge, Amiot, Abel Rémusat, Langlès et le Russe Kowalewski furent des premiers à étudier les langues tartares, le mongol et le mandchou.

Ici encore il faut signaler l'action bienfaisante du Gouvernement français et de l'Institut sur le développement de notre connaissance de l'Extrême-Orient. Nous leur devons les belles et fructueuses Missions scientifiques en Chine et en Asie Centrale de MM. Ed. Chavannes, Dutreuil de Rhins, Grenard, Pelliot, d'Ollone, et, en Indochine, la création de l'École d'Extrême-Orient à Hanoï qui a rendu à la science les plus éminents services, enfin les grandes missions Francis Garnier, Doudart de Lagrée, L. Delaporte, Aymonier, A. Pavie, L. de Lajonquière, Parmentier, Henri Dufour et Carpeaux, etc.

Le Japon serait resté longtemps encore ignoré de l'Occident sans les missionnaires portugais qui vinrent dans le pays avec saint François-Xavier, en 1549. L'impression de leurs « Lettres » et les précieux vocabulaires publiés par eux dès le seizième siècle fournirent les premiers documents sur ce peuple si intéressant et sur sa langue. En 1832, Siebold, utilisant les documents rapportés par les Hollandais, qui, depuis 1639, avaient seuls, avec les Chinois, le privilège de commercer avec le Japon, publia à Leyde, sous le titre : *Nippon*, un ouvrage monumental où sont venus puiser, sans toujours citer la source, bien des japonisants d'outre-Rhin. L'Amérique enfin apporta sa contribution décisive, par la mémorable expédition du Commodore Perry, en 1852.

Quant à l'art japonais, il ne fut connu que de nos jours et c'est à des artistes et à des collectionneurs français qu'il dut sa vogue et son légitime succès. Parmi ces initiateurs, citons Burty, de Goncourt, Duret, Rivière, Gonse, Appert, Raphaël Collin, Deshayes, Migeon, Bing, R. Kœchlin, Vever, etc., et les fondateurs des Musées qui portent leurs noms : Cernuschi, Guimet, d'Ennery, auxquels c'est un plaisir pour nous d'associer le nom d'un savant et aimable Japonais, le regretté T. Hayashi.

Nos professeurs du Collège de France et de l'École des Langues orientales, Quatremère, Defrémery, Guyard, Barbier de Meynard, Pavet de Courteille, Ch. Schefer, furent les maîtres pour l'étude du persan et du turc. Un autre de nos Orientalistes, le comte de Gobineau, est considéré par les Allemands eux-mêmes comme un si grand esprit qu'ils ont fondé un *Gobineau Verein*, chargé de réimprimer et de propager ses œuvres et de les traduire en langue allemande. Il est vrai que Gobineau avait formulé la doctrine étrange de l'homme supérieur incarné par le dolicocéphale aux yeux bleus, l'être prédestiné, dans lequel les Allemands prétendirent se reconnaître, sans se douter que les dolicocéphales se rencontrent surtout chez les peuples sauvages et primitifs. Mais Gobineau eût frémi à l'idée que les Vandales modernes pussent revendiquer son patronage.

Les études byzantines et celles concernant l'Orient Latin ont eu pour initiateurs des savants français et russes : en tête notre vieux Du Cange, Le Quien, Montfaucon, et les éditeurs de la collection des historiens byzantins, connue sous le nom de *Byzantine du Louvre*, réimprimée plus tard à Bonn par les Allemands. Puis vinrent Lebeau, de Laborde, Riant, Rambaud, Schlumberger, Diehl, le général de Beylié, Delaville Le Roux, de Vogué, Bayet, Omont, Millet, Monceaux, Kondakoff, Ouspenski, et un professeur de Munich, Krumbacher, un grand savant qui appréciait à sa valeur l'érudition française.

C'est à des Français que l'on doit la découverte de deux des monuments les plus précieux de l'antique Orient, dont ils ont enrichi notre Musée du Louvre : la Stèle du roi Mésa, le plus ancien document connu en écriture alphabétique, et le bloc de diorite sur lequel le roi de Babylone Hammourabi grava sa Loi, deux mille ans avant notre ère. C'est M. Clermont-Ganneau qui à rapporté du pays de Moab et qui a expliqué la Stèle de Mésa. C'est le P. Scheil, un bon Lorrain, qui a déchiffré les textes en langue élamite trouvés dans les fouilles de Suse par la Mission de Morgan, et le Code de Hammourabi, ce chef-d'œuvre de la pensée humaine, ce témoignage incomparable d'une civilisation qui remonte à quarante siècles. Guillaume II l'a parfois cité dans ses sermons. Que ne s'en est-il adapté la morale !

C'est aussi M. Clermont-Ganneau qui, en 1876, à la grande stupeur du Landtag prussien, chargé du contrôle des dépenses, démontra la fausseté d'une collection de poteries moabites achetées à Jérusalem, par le Musée de Berlin, au prix de 20.000 thalers, sur l'avis favorable de la Société Orientale allemande. Quelle pierre ce fut dans la mare aux grenouilles ! On en rit alors presque autant que de la mésaventure qui advint depuis à Guillaume II, lorsqu'avec son aplomb de Hohenzollern il fit attribuer par Bode à Léonard de Vinci un pauvre buste en cire du Musée de Berlin, « œuvre banale et vulgaire de Richard Cockle Lucas ».

Les Allemands ont eu certes de grands philologues, et l'on ne cite qu'avec respect les noms de Humboldt, de Grimm, de Klaproth, de Bopp, de Max Müller, de Diez, etc. Nous pouvons aussi, avec non moins de fierté, sans remonter jusqu'aux Estienne, à Saumaise, et au brave Bourbonnais Cl. Duret qui, dès 1613, publiait un *Trésor des langues de cest univers* (y compris le langage des oiseaux et des animaux), leur citer Raynouard, Fauriel, Ernest Renan, Gaston Paris, Paul

Meyer, A. Thomas, Bréal, Darmesteter, Meillet, etc.

A côté de ces savants, combien de professeurs tudesques publient de gros volumes sur l'*Optatif dans la langue kurde*, sur le *Possessif dans le groupe ougro-finnois*, sur les *Suffixes dans les langues indo-européennes*, et autres sujets aussi palpitants, agrémentant leur prose, indigeste de toutes sortes de signes d'accentuation et de transcription, à l'air rébarbatif mais très scientifique. Travaux estimables sans doute, devant lesquels se pâment d'admiration quelques privat-docent, mais qui ne peuvent guère être considérés comme des œuvres géniales. A suivre trop docilement les Allemands dans cette voie, la science française risquerait de perdre ses qualités essentielles.

En somme, dans toutes les branches de l'Orientalisme, les Allemands ont contracté envers nous une dette qu'ils feignent trop de méconnaître. Leurs maîtres d'aujourd'hui, si grand que soit leur mérite, sont les élèves des nôtres.

Mais faut-il s'étonner de quelque chose avec les savants allemands, quand on voit leurs géographes truquer des cartes anciennes pour prouver que la limite de la Gaule était les Vosges et non pas le Rhin. Kiepert germanisant par ordre, en 1914, la rive gauche du Rhin ! Après cela, comme on dit, on peut tirer l'échelle.

⁂

Ce que la France a fait pour l'Orientalisme, elle l'a fait encore pour l'archéologie et l'épigraphie. Notre Ministère de l'Instruction Publique et notre Académie des Inscriptions et Belles-Lettres ont prouvé leur constante sollicitude en subventionnant avec une libéralité sans pareille des fouilles et des missions savantes : Mission en Asie Mineure de Texier; Voyage archéologique en Grèce de Le Bas et Waddington; Voyage en Orient de Laborde; Exploration de la Galatie et de la Bithynie par Georges Perrot; Mission de Macédoine par Léon Heuzey; Mission de Phénicie par Ernest Renan; Mission à Carthage par Sainte-Marie; Mission de Cappadoce par Chantre; Mission au Caucase par J. de Morgan; Mission à Chypre par Enlart; Mission en Espagne par P. Paris, etc.; Fouilles de Delphes, de Délos, de Milet, de Pergame, de Didymes, etc.; publication des *Monuments antiques* de Rayet, des *Monuments Byzantins*, des *Monuments Piot;* du *Corpus des inscriptions sémitiques;* du *Recueil des inscriptions grecques chrétiennes,* du *Recueil des Historiens des Croisades...* La Deutsche Orient Gesellschaft, qui rêve de vastes projets, ne date que d'hier.

Dans le travail individuel, si B. de Montfaucon, avec son *Antiquité expliquée* qui date de 1719, apparaît comme le père de l'archéologie, nous n'oublions pas que Winckelmann, peu après, fut un des créateurs de l'esthétique moderne et de l'histoire de l'art et que jusqu'à nos jours, des deux côtés du Rhin, il a été publié tant d'excellents travaux d'archéologie qu'il serait oiseux d'en tenter ici une brève énumération.

La même observation s'applique à l'épigraphie. Les Allemands, dans ce domaine spécial, réclament, il est vrai, le premier rang. Mais nous aurions à leur opposer toute l'Académie des Inscriptions, depuis sa fondation jusqu'à nos jours, notre École des Chartes, nos Écoles d'Athènes et de Rome... Ils sont trop !

Ce qu'il convient de rappeler, c'est le rôle de l'Italie dans ces études. L'Italie, la terre de la Renaissance, ne pouvait manquer de s'intéresser aux monuments antiques et aux inscriptions latines qui fourmillent sur son sol. La route lui fut ouverte au quatorzième siècle par le fameux tribun Rienzi. Érudit autant que patriote, Cola de Rienzo (ou Rienzi), qui avait été notaire pontifical à Avignon, et l'ami de Pétrarque, rédigea en 1347, pour exalter la grandeur de Rome, une *Descriptio Urbis Romae*, accompagnée du premier recueil d'inscriptions latines que l'on connaisse. Il avait retrouvé la *Lex Regia*, par laquelle le Sénat romain avait conféré le pouvoir impérial à Vespasien, et que le pape Boniface VIII avait cachée. Il en fit une traduction qu'il lut aux acclamations du peuple assemblé dans Saint-Jean-de-Latran. Ses compatriotes, suivant son exemple, se mirent à recueillir et à copier les inscriptions antiques. Le Pogge, Cyriaque d'Ancône, Alde Manuce, Maffei s'y distinguèrent. Au dix-septième siècle, c'est Fabretti qui est le prince des épigraphistes ; au dix-huitième, c'est Borghesi, l'illustre savant dont les œuvres ont été publiées aux frais de la France ; au dix-neuvième, c'est De Rossi, qui passe sa vie dans la Rome souterraine pour livrer au monde les inscriptions des Catacombes, c'est Rosa qui explore le Palatin, aux frais de Napoléon III, c'est Canina, c'est Fiorelli, c'est Lanciani. De nos jours enfin, c'est le commandeur G. Boni qui achève le déblaiement de l'ancien *Campo Vaccino*, et remet au jour le Forum Romanum, le Forum de la République. Ceux-là sont les maîtres, les initiateurs.

L'épigraphie grecque a été l'objet en France et en Italie des mêmes efforts, des mêmes trouvailles, depuis Scaliger et Spon jusqu'à Comparetti, Le Bas, Waddington, Foucart, auxquels il faut associer les Grecs Coumanoudis, Carapanos, Cavvadias.

Pour l'Allemagne, si les Fouilles d'Olympie lui font le plus grand honneur, si elle a fourni, comme la France, de nombreux et savants épigraphistes, son œuvre principale a été de compiler, de réunir les trouvailles, de les cataloguer avec un souci remarquable d'exactitude, et de publier dans un double *Corpus* toutes les inscriptions grecques et latines connues. Boeckh et Mommsen, à la tête d'une armée de copistes et de rédacteurs de fiches, ont exécuté le plan qu'avaient conçu avant eux, aux dix-septième et dix-huitième siècles, Scaliger, Maffei, Muratori, Pococke, Donati, etc.

Avec moins de collaborateurs, mais non moins de science, nos imprimeurs du seizième siècle, Henri et Robert Estienne ont publié l'admirable *Thesaurus graecae linguae* et le *Thesaurus linguae latinae*.

L'étude de la numismatique a commencé au seizième siècle. Le savant Guillaume Budé, l'ami de François Ier, et l'Italien Andrea Fulvio furent des premiers à publier des descriptions de médailles antiques. En 1553, Guillaume Rouille, de Lyon, donne son *Promptuaire des médailles*, et, peu après, paraissent les grands recueils du Hollandais Goltzius et de l'Italien F. Orsini. Aux dix-septième et dix-huitième siècles, la France cite avec orgueil la magnifique série des ouvrages de Jean Vaillant, de B. de Montfaucon, de Pellerin, de Caylus ; la Suisse revendique Spanheim ; l'Italie, Gori, Sestini, Banduri. A la fin du dix-huitième siècle seulement, la science allemande se manifeste avec la *Doctrina numorum veterum* du P. Eckhel, Autrichien (1792 à 1828). En même temps, le Français Mionnet publie, de 1806 à 1837, son grand répertoire de numismatique ancienne, la *Description des médailles grecques et romaines*. Dès lors, les études numismatiques prennent un grand développement ; les collections publiques s'enrichissent ; les publications abondent. Ce n'est pas ici le lieu de les citer. Mais parmi tant d'excellents travaux, tant de savants catalogues, nous ne pouvons omettre le magistral *Traité des monnaies grecques et romaines* de M. Ernest Babelon, le conservateur de notre Cabinet des Médailles.

D'autres sciences, l'anthropologie, l'ethnographie, les études préhistoriques, doivent leur éclat aux Français : Boucher de Perthes, Broca, Mortillet, Bertrand, Quatrefages, Hamy, Chantre, Lartet, Boule, Salomon Reinach ; aux Anglais Sir Ch. Lyell, D. Wilson, Evans, Christy, Lubbock ; au Suédois Montelius ; aux Russes Smirnow, Ouvarow, Deniker ; à l'Américain Brinton. L'Allemagne, avec Bastian et Virchow, est venue à la suite.

N'omettons pas de citer encore ici deux autres savants français : Déchelette, récemment tué à l'ennemi, et le baron de Baye, dont les précieuses collections ont été pillées par les soudards de la *Kultur*.

En géologie, M. Haug a démontré à la Sorbonne que tous les initiateurs ont été des Français, des Anglais et des Américains.

.·.

Deux grandes inventions sont attribuées à l'Allemagne : celle de la poudre à canon, au quatorzième siècle, et celle de l'imprimerie, au quinzième.

Loin de nous la pensée de contester la gloire du moine Schwartz pour la poudre, ni, pour l'impression en caractères mobiles, celle de Gutenberg, malgré les réclamations de la Hollande en faveur de Coster de Harlem. Mais il faut tout de même reconnaître que le vieil Orient aurait le droit de revendiquer l'antériorité de ces deux découvertes.

La Chine faisait usage de la poudre, ainsi qu'on le lit dans ses Annales, plusieurs siècles avant l'ère chrétienne, et le feu grégeois, composition incendiaire analogue à la poudre, était importé d'Héliopolis à Byzance par Callinique, en 670. Constantin Pogonat s'en servait pour brûler dans Cyzique la flotte des Sarrazins en 673. Ce sont là des dates indiscutables.

Non moins indiscutable est le décret rendu en 1403 par le roi de Corée Syei-tjong, dont M. Courant a donné la traduction dans sa *Bibliographie Coréenne*. On y lit : « *Pour gouverner, il faut répandre la con-*

naissance des statuts et des livres : notre pays est situé à l'Orient, au delà de la mer, aussi les livres chinois y sont rares. Les planches gravées sur bois (en usage en Chine depuis une haute antiquité) *s'usent facilement; de plus, il est difficile de graver tous les livres de l'univers. Je veux qu'avec du cuivre on fabrique des caractères qui serviront pour l'impression, de façon à étendre la diffusion des livres.* » Deux volumes, sortis des presses coréennes et imprimés *en caractères mobiles,* un demi-siècle avant Gutenberg, figurent dans des Bibliothèques parisiennes. L'un porte la mention : *Imprimé en 1377, à l'aide de caractères fondus, à la bonzerie de Heung-tek.* L'autre : *Imprimé en 1434, sur types mobiles, par ordre du roi Syei-tjong.*

Rendons à l'Orient ce qui appartient à l'Orient.

* *

Au fait, les Allemands sont-ils même les inventeurs du *Kolossal ?* Les Pélasges, bâtisseurs de villes aux murailles *cyclopéennes,* les Chaldéens, avec leurs constructions *babyloniennes,* les Egyptiens, fiers des Pyramides de Memphis et de la salle hypostyle de Karnak, pourraient bien formuler à cet égard une réclamation; sans parler des Grecs qui, bien plus épris pourtant du *beau* que du *colossal,* avaient donné le nom de *Colosses* à une de leurs villes de Phrygie, connue par une Épitre de Saint-Paul, et qui avaient édifié à l'entrée du port de Rhodes le fameux *Colosse,* classé parmi les sept merveilles du monde; sans parler aussi des Romains et de leur *Colosseum* où 80.000 spectateurs pouvaient assister aux combats des gladiateurs. Décidément, comme l'a dit Salomon : *Nil novi... in Germania.*

Où sont enfin les titres d'honneur des Allemands ?

Faut-il les rechercher au temps des Croisades ?

En 1095, à la voix de Pierre l'Ermite et du pape Urbain II, toute la noblesse de France prend les armes. Il s'agit d'aller reconquérir les Lieux saints sur les infidèles. *Dieu le veult !* Tout cède devant nos vaillants chevaliers. Nicée, Edesse, Antioche, Jérusalem tombent sous leurs coups. En 1099, Godefroy de Bouillon est couronné roi de Jérusalem. C'est la Croisade française.

Cinquante ans plus tard, une seconde Croisade est prêchée par saint Bernard. Cette fois les Allemands y prennent part. Leur orgueil intraitable amène la discorde. L'armée est battue. Louis VII et l'Empereur Conrad regagnent l'Europe en vaincus. Pour les mêmes causes, la troisième Croisade se termine par un autre désastre. L'empereur d'Allemagne Frédéric Barberousse se noie en Cilicie et son armée est anéantie. Le roi d'Angleterre Richard Cœur de Lion, qui avait été un des héros de cette Croisade, se vit, à son retour en Europe, arrêté traîtreusement par le duc d'Autriche et subit une longue captivité dans une forteresse du Danube. Les Allemands apparaissent encore à la sixième Croisade, en 1228. Cette fois, l'empereur Frédéric II, au lieu de se battre, juge plus prudent de traiter à prix d'or de la reddition de Jérusalem. La lâcheté de sa conduite lui vaut l'anathème du pape. Dès lors, c'en était fait du prestige de l'Europe. Les Croisades étaient vouées au désastre final.

**

Le rôle de l'Allemagne a-t-il été plus brillant dans les grandes navigations ?

Depuis des siècles, toutes les nations de l'Europe ont participé à la découverte de mondes inconnus, à la recherche de nouvelles routes commerciales à travers les Océans, à la colonisation d'immenses territoires dans les divers continents. L'Allemagne seule a fait exception. Son rôle dans ce grand mouvement d'expansion civilisatrice se réduit à néant.

Elle n'a aucun grand nom à opposer à ceux des Italiens Christophe Colomb, Améric Vespuce, Marco Polo, Jean et Sébastien Cabot, Pigaffetta; des Portugais Vasco de Gama, Albuquerque, Magellan, Corte Real, Cabral, Pinto ; des *Conquistadores* espagnols dans les deux Amériques, Cortez, Pizarre, Almagro, Pinzon ; des Français Bethencourt, Cavelier de La Salle, Jacques Cartier, Villegagnon, Flacourt, Thévenot, Bernier, Champlain, Dupleix; de nos vieux pilotes malouins et normands et de nos grands coloniaux contemporains; des hardis navigateurs hollandais aux Indes Orientales et Occidentales; du Flamand Rubrouck ; des pionniers russes dans le Nord de l'Asie; des Scandinaves qui avaient connu l'Islande, le Groenland et le Nord de l'Amérique dès le dixième siècle; des conquérants des pôles; des Anglais, Drake, Davis, Vancouver, Livingstone et de cent autres héros qui ont fait flotter le drapeau de l'Angleterre sur la moitié du monde.

L'Allemagne était demeurée à l'écart. Les flottes de la Hanse, fondée en 1241, n'avaient eu d'autre souci que de protéger contre les pirates le commerce de Lübeck et de Hambourg. De quel droit Bernhard Dernburg, le fondateur de l'impérialisme colonial allemand et, avec lui Ballin, Zimmermann, et tous les pangermanistes, viennent-ils donc si âprement réclamer des colonies que les autres ont arrosées de leur sang ?

*
* *

Dans la philosophie, on l'admet, le génie germanique a trouvé son plein épanouissement. Cette philosophie fut peut-être parfois un peu nébuleuse ; il lui manqua cette clarté que nos philosophes doivent à l'emploi de notre belle langue française, si précise et si nette [1]. Néanmoins l'Allemagne peut, avec un légitime orgueil, revendiquer la gloire de Leibniz, Kant, Gœthe, Herder, Richter, etc.

Mais à quoi ont abouti les belles théories humanitaires et l'idéalisme de ces grands esprits ? A la glorification des pires attentats contre l'Humanité, l'Art et la Science, « à la barbarie érigée en dogme, enseignée par les docteurs, préconisée par une élite intellectuelle, en un mot, à une barbarie pédante », ainsi que l'a dit M. Cambon, au banquet du Lord-Maire.

Aujourd'hui la pensée allemande en est tombée à ce point de se déclarer solidaire, tributaire et sujette du militarisme prussien, de ce militarisme qui constitue, au

---

1. Nietzsche prétend *que l'Allemand honore l'obscurité comme une vertu* et qu'il possède le *secret d'être ennuyeux* avec de l'esprit, du savoir et du sentiment.

dire du chimiste Ostwald, l'une des expressions les plus puissantes de la force organisatrice de l'Allemagne. Et le monde se soulève de dégoût en entendant les intellectuels allemands « au nom de l'intérêt supérieur d'une nation prédestinée », diviniser la force brutale, applaudir à tous les actes de sauvagerie, assister impassibles au spectacle des tueries et des flots de sang que fait couler l'ambition stupide de leurs pangermanistes. Une Université allemande n'a-t-elle même pas eu l'impudeur de nommer docteur honoraire le Krupp qui a fabriqué le mortier de 420 ! Un docteur en droit canon, a dit plaisamment le *Journal des Débats*.

Belle culture, en vérité, que celle qui fait de la créature humaine « un abject exemplaire d'immonde cruauté », selon l'expression de Clémenceau.

D'autres pays aussi ont eu de grands philosophes : Erasme, Spinoza, Locke, Berkeley, Hume, ne le cèdent en rien aux maîtres de la philosophie allemande. Leur doctrine, à ceux-là, honore l'humanité. Elle enseigne le libre arbitre, la tolérance, la liberté politique et religieuse.

Ailleurs, on a entendu prêcher la charité, le sacrifice, l'amour des humbles. Devant l'Europe brutale du treizième siècle, saint François proclame le devoir et la douceur de s'aimer. L'Italie tressaille et les foules innombrables suivent le *Poverello* d'Assise, acclamant avec lui la Pauvreté, la Charité, l'Humilité. En Amérique, au milieu des horreurs de la conquête, la voix de Las Casas s'élève en faveur des opprimés contre leurs bourreaux. Chez nous, Vincent de Paul popularise la charité, Fénelon, dans son *Télémaque*, oppose les vrais devoirs d'un roi au despotisme de Louis XIV, l'abbé de l'Épée fait parler les sourds-muets, Valentin Haüy fait lire les aveugles. De nos jours, Garibaldi, le héros de l'Italie, mène partout ses *chemises rouges* au combat pour la défense des faibles; il verse son sang pour libérer sa patrie asservie; il vient lutter, en 1870, avec la France vaincue. Hier, ses deux petits-fils se font tuer au milieu de nos soldats pour la défense de la civilisation latine. Désintéressement, sacrifice, charité ! Ces mots admirables sont vides de sens pour les Allemands. Gœthe, passant à Assise, n'a que mépris pour saint François.

En France depuis Rabelais jusqu'à Montaigne, de Descartes à Montesquieu, de Voltaire et de Rousseau aux Encyclopédistes, tous nos philosophes ont travaillé à l'affranchissement de la pensée humaine, ils ont préparé l'avènement d'un monde nouveau, le règne de l'égalité et de la liberté parmi les hommes, de la fraternité parmi les peuples. La « Déclaration des Droits de l'homme » fut leur évangile, la Révolution française fut leur œuvre. Ils sont encore nos guides dans la lutte glorieuse que nous soutenons en ce moment pour briser les chaînes des nations opprimées.

Quel contraste avec cette folie collective d'orgueil qui semble avoir troublé la cervelle à nos voisins d'outre-Rhin jusqu'à leur faire croire que le monde entier n'est pas une proie trop grande pour leurs rêves de domination !

La glorieuse Allemagne d'Albert Dürer et d'Holbein, de Lucas Cranach et de Pierre Vischer, de Kepler et d'Herschell, de Kant et de Leibniz, de Beethoven et de Bach, l'Allemagne de la véritable culture est morte depuis qu'elle s'est prussianisée. Le militarisme l'a tuée. Et les Allemands « ne surent rien mettre de mieux, en place de cette culture, que la folie politique et nationale ».

**

Les théories de Fichte et d'Hegel sur la supériorité de la race germanique ne suffisent plus à l'Allemand du vingtième siècle. Les théories qui le séduisent sont celles de Nietzsche. Non pas que Nietzsche jouisse d'une grande sympathie en Allemagne, on n'y oublie pas qu'il s'est plu à ridiculiser le patriotisme, à condamner le chauvinisme comme une névrose nationale ; à se moquer plus que personne de la prétendue culture, du manque de goût, de la fausse vertu et de l'orgueil de ses concitoyens. Mais il est celui dont l'idée fixe, suivant le professeur Crawley, « fut le culte religieux de la force et de la violence, mélangé de mépris pour la sympathie et l'humanité » ; celui qui a annoncé la venue du *surhomme*, aussi supérieur à l'homme que l'homme l'est au singe ; du surhomme à qui le droit de domination appartiendra sans conteste ; du guerrier qui régnera sur le monde. Les Allemands, dupés par les sophismes de leurs Maîtres, ont cru se reconnaître dans le surhomme de Nietzsche, comme jadis dans « l'être prédestiné » de Gobineau. Ils se le sont approprié. Ils ont vu en eux le *surpeuple* devant lequel tous doivent se prosterner et obéir.

Cette théorie pernicieuse ne fut pas sans influence sur la guerre actuelle, qu'un écrivain anglais a appelée : *The Nietzschian war*. Appellation discutable peut-être, mais que semble justifier la haine toute particulière de l'Allemagne envers l'Angleterre au cours de cette guerre, haine qui rappelle celle que Nietzsche manifeste en toute occasion à l'égard des Anglais.

****

L'esprit de proie règne en maître.

Le goût des rapines, l'Allemand l'a d'ailleurs toujours eu dans le sang. Jules César écrivait déjà, dans sa *Guerre des Gaules* : « Que chez les Germains le brigandage n'était pas réputé chose inique. » On sait avec quelle désinvolture Frédéric II, leur grand Frédéric, qui se piquait pourtant de philosophie et de culture française, en usa avec le droit et la justice. Il était le digne précurseur de cet autre faux grand homme, ce Bismarck, le faussaire de la dépêche d'Ems, qui lançait à la face du monde son insolent défi : La Force prime le Droit.

Ce peuple, qu'on croyait un peuple de penseurs, n'eut jamais, en réalité, que des appétits de conquête et de domination, qu'un rêve, la violence et le pillage. Il a un ventre, dit Léon Bailby, il n'a pas d'âme.

Le haut degré de culture scientifique qu'il se vantait d'avoir atteint, duperie ! puisque tous les progrès de la science ne lui servaient que pour déchaîner le plus largement possible toutes les puissances du mal. Sa philosophie, mensonge ! puisqu'elle proclame l'asservissement de l'esprit par la matière, puisqu'elle considère l'humanité comme un bétail à la merci de ses conquérants. Polonais, Danois, Alsaciens-Lorrains, Belges, Roumains de Transylvanie, Italiens de Trieste, dites-nous ce que vous en pensez de leurs philosophes et de leurs savants.

Je me rappelle mon étonnement, quand, à mon arrivée à Brunswick, en 1867, j'entendis les refrains de leurs chants de prédilection : *Mein Vaterland muss groesser sein, Berlin wird Weltstadt,* et autres, où se révélaient déjà leurs instincts et leur haine. Chez nous, qui pensait alors à la guerre ? Les fêtes de l'Exposition Universelle avaient fait oublier Sadowa. Nous en étions encore à rêver à la fraternité des peuples. Nous aimions la poétique Allemagne. Lorelei, Mignon, Werther, Hermann et Dorothée, les romances de Schubert et de Schumann. *Le Rhin,* de Victor Hugo. Que tout cela est loin !

* *

Depuis 1870 le programme s'est développé, les pangermanistes ont arboré leur devise : *Deutschland ueber Alles !* L'Empire universel !

La conquête du monde comme but, la guerre comme moyen. En forger l'instrument, voilà tout l'idéal de la culture allemande. Et cela ne date pas d'hier. N'est-ce pas ce peuple, si pauvre en inventions, qui a inventé la poudre au quatorzième siècle ?

La guerre ! Luther lui-même l'avait proclamée « d'essence divine et comme une chose aussi utile, aussi né-

cessaire pour le monde que le boire et le manger ». Elle
était devenue, suivant le mot de Mirabeau, l'industrie
nationale de la Prusse. « Ses victoires militaires de-
vaient préparer ses victoires industrielles. » C'est la pensée de Frédéric-Charles après Sedan. Elle ne s'est que
trop bien réalisée chez nous. Sans la guerre, disait De
Moltke, les sociétés tomberaient en pourriture. Bernhardi
affirme qu'elle est une nécessité biologique de première
importance. L'extrême barbarie, écrit Von der Goltz, est
nécessaire pour la félicité future des peuples germanisés.

Leurs poètes comme leurs historiens, leurs gouver-
nants comme leurs philosophes, emboîtent le pas aux
militaires. Ils n'ont de culte que pour la Force, non pas
la Force qui est le produit du travail, de la constance, de
la fermeté, la Force auxiliaire du droit, mais la Force
oppressive des faibles, la Force brutale, la Force allemande, en un mot.

Fi de la justice ! Le chancelier Bethmann-Hollweg
déclare que les traités sont des *chiffons de papier sans
valeur*, et que tous les moyens sont bons pourvu que
le but poursuivi soit atteint.

Treitschke estime « qu'une nation, dont la menace et
l'emploi de la force ne constituent pas toute la politique
est une nation en décadence ».

Nietzsche affirme qu'il est des situations où il n'est
pas permis de ne pas être barbare.

Maximilien Harden, qu'en France on citait comme un
modèle d'intelligence, écrit : « De quel côté est le Droit ?
Du côté où se trouve la Force. Toute guerre est juste qui
accroît la puissance de l'Allemagne. Écrasons l'ennemi,

l'histoire ne nous demandera pas nos raisons. » Gérard Hauptmann, Sudermann, Siegfried Wagner, Weingartner, Max Reinhardt, que nous avons, avec tant de bonasserie, applaudis à Paris, s'associent à ces paroles honteuses.

Inspirer la terreur, c'est la doctrine de leurs grands chefs. En 1813, Frédéric-Guillaume disait déjà : « Le combat auquel la nation est appelée, sanctifie tous les moyens. Les plus terribles sont les meilleurs. »

Qu'on ne leur parle pas des lois de la guerre, des conventions de La Haye, des règlements de la Croix-Rouge. Que leur importe ! En fait de croix, ils ne veulent connaître que la croix de fer.

Le général Stenger prescrit à ses troupes « de ne pas faire de prisonniers, d'achever les blessés, qu'ils soient armés ou sans armes. Les Allemands, dit-il en terminant, ne doivent laisser aucun Français vivant derrière eux ».

L'ordre du jour de ce misérable n'est, remarquons-le, qu'une réplique de celui adressé par Guillaume II lui-même, à ses troupes partant pour la campagne de Chine : « Soldats, quand vous rencontrerez l'ennemi, vous le vaincrez. Vous ne ferez pas de quartier, vous ne prendrez pas un seul prisonnier. Que tout ce qui tombera entre vos mains soit à votre merci ! Faites-vous la réputation qu'avaient les Huns et Attila. » Qui parle ainsi ? Celui qui s'appelait l'Empereur de la Paix, qui était le maître des destinées du monde, qui pouvait jouer un si grand rôle en rendant à la France ses provinces annexées et en créant une amitié durable entre deux peuples dont Bismarck avait fait d'irréconciliables ennemis. Il a préféré se déshonorer en s'alliant aux Turcs.

Un professeur d'histoire de l'art, qui fut accueilli chez nous comme tant d'autres de ses compatriotes, recommande aux troupes allemandes, « lorsqu'elles auront pris Paris, d'exterminer sans pitié les gens, mais de ménager les trésors d'art accumulés dans notre capitale et destinés à enrichir les musées d'Allemagne ». Un autre réclame l'envoi à Berlin du Retable de *l'Adoration de l'Agneau*, le chef-d'œuvre des frères Van Eyck, la gloire de l'église Saint-Bavon, à Gand, dont quelques volets figurent déjà au Musée Friedrich Wilhelm. Qu'on s'en souvienne !

Un soudard se fait poète pour chanter :

O Allemagne, hais maintenant.
Cuirassée d'airain, ne fais pas de prisonniers.
A chaque ennemi un coup de baïonnette dans le cœur.
Rends chacun aussitôt muet.
Fais un désert des pays qui, tout autour de nous,
Te font une ceinture.

Un autre, le général von Ditfurth, se moque d'être traité de barbare. « Le plus modeste tertre qui s'élève au-dessus du corps d'un de nos guerriers, dit-il, est plus vénérable que toutes les cathédrales, tous les trésors d'art du monde. Et si tous les monuments, tous les chefs-d'œuvre d'architecture qui sont placés entre nos canons et ceux de l'ennemi allaient au diable, cela nous serait parfaitement égal. »

Ce sauvage réalise la prédiction faite par Henri Heine, il y a trois quarts de siècle, lorsqu'il écrivait : « Le christianisme a quelque peu adouci la brutalité guerrière des

Germains. Mais la croix sera un jour impuissante, les vieux dieux de pierre surgiront de leurs ruines, et Thor, avec son marteau de géant, se dressera et mettra en pièces les cathédrales gothiques. »

Voilà la mentalité allemande. Voilà la culture allemande !

.

Et nos yeux ont vu ce qu'on n'avait pas vu depuis les invasions des Barbares. L'espionnage, le massacre, l'incendie, le pillage, la dévastation universelle, la violation et la mise à sac de la Belgique, la destruction préméditée de la cathédrale de Reims, la ruine de l'Université de Louvain, les bombes sur Notre-Dame, tels sont les actes monstrueux qui ont déshonoré l'Allemagne et mis au ban de l'humanité ces fauves qui prétendaient nous imposer leur domination.

Ils croyaient rencontrer dans la France une nation affaiblie, corrompue, divisée, incapable de résolutions viriles, livrée au tango et à la politique. « A notre seule approche, les pantalons rouges prendront la fuite », avait dit le général Von Daimling. Quel émoi en trouvant un peuple uni dans une seule pensée de sacrifice et de vaillance ! Derrière nos forteresses, impuissantes sous leurs bombes, leurs innombrables armées se heurtent aux poitrines de nos fils que le patriotisme a transformés en héros. *Civis murus erat !* comme l'a dit le poète Santeul des bourgeois de Saint-Quentin, dont le dévouement avait sauvé la France en 1557. Et ces vainqueurs reculent. Et déjà ils se sentent vaincus.

.

Le militarisme et l'orgueil, ces deux fléaux de l'Allemagne moderne, inquiètent le monde entier. Les neutres, qui ont déjà plus de 5o.ooo volontaires dans nos rangs savent ce que leur coûterait la victoire des Allemands, des Autrichiens et des Turcs. Ce serait pour la Roumanie le renoncement à son union avec ses frères de Transylvanie et de Bukovine; pour l'Italie, la perte irrémédiable de Trieste, désormais le grand port allemand de l'Adriatique; en Tripolitaine, la domination italienne menacée par les manœuvres d'Enver Pacha. La Bulgarie, la Serbie et la Grèce, après quatre siècles d'insupportable oppression, verraient anéantir leurs légitimes et prochaines espérances et la guerre balkanique serait à recommencer dans les conditions les plus défavorables. Le Portugal aurait à lutter pour la conservation de ses colonies africaines. La Hollande, sous l'hégémonie germanique, perdrait Rotterdam devenu, comme Anvers, un port allemand. Les États Scandinaves essaient, en se coalisant, de conjurer leur péril et de sauver ce qui reste de ce vaillant petit Danemark qui fut si misérablement abandonné par l'Europe en 1864 et qui attend que le Slesvig lui soit rendu. Le Japon sait quelle vengeance médite le Kaiser pour la ruine de Tsing-tao. En Amérique, c'est en vain que, par ses diplomates, ses journalistes, ses millions de naturalisés, l'Allemagne a cherché à se créer une opinion qui lui soit favorable. Les États-Unis n'ignorent rien de ses tentatives de braver la doctrine de Monroe. Les intrigues allemandes à Haïti, au Venezuela, au Mexique, au Brésil, au Chili, dans l'Argentine, ont ouvert les yeux aux moins clairvoyants.

Et voilà que déjà les neutres protestent violemment contre les menaces de l'Allemagne de couler leurs bateaux s'ils ne ne soumettent pas aux décisions de l'amiral Tirpitz, concernant le blocus des côtes anglaises. En réponse à de si audacieux procédés, les États-Unis ont dû parler haut et ferme. Il ont même envisagé l'éventualité d'une guerre. La mégalomanie allemande n'a plus que le choix entre une reculade et le conflit universel.

*
*   *

C'est pour le salut du monde que les alliés sont à l'œuvre. La lutte qu'ils n'auraient jamais provoquée, ils sont résolus à la poursuivre jusqu'au bout sans défaillance et sans merci.

L'Allemagne, si superbe dans ses succès, si confiante dans sa force, connaîtra le désespoir et la colère lorsque ses rêves d'ambition et de victoire s'effaceront devant la vision sanglante de la défaite.

L'heure du châtiment va sonner. « Celui qui a déchaîné la guerre en subira les conséquences », suivant la parole du président Wilson.

En détruisant le culte imbécile et féroce de la force brutale, incarné dans l'impérialisme allemand, nos armées qui combattent héroïquement pour le triomphe de la justice, du droit et de l'honneur, auront rendu à la civilisation un service suprême ; elles auront sauvé le patrimoine d'idéal et de beauté légué à l'Humanité par Athènes et Rome.

La guerre sainte et libératrice aura fait luire une lumière nouvelle et mis fin à la folie des guerres de conquêtes. Frayant les voies à de nouveaux accords, elle aura créé l'union des peuples et préparé le pacte des États-Unis d'Europe.

Cela aura été l'œuvre de la culture française !

3969. — Tours, Imprimerie E. Arrault et Cie.

www.ingramcontent.com/pod-product-compliance
Lightning Source LLC
Chambersburg PA
CBHW061621060726
47597CB00005B/1743